AF503428

BIBLIOTHÈQUE RÉPUBLICAINE

LETTRE

A M.

JULES GRÉVY

PRÉSIDENT DE L'ASSEMBLÉE NATIONALE

PAR

LE D⟨r⟩ LÉONIDE GUICHARD

Précédée d'une lettre de M. Edouard Laboulaye

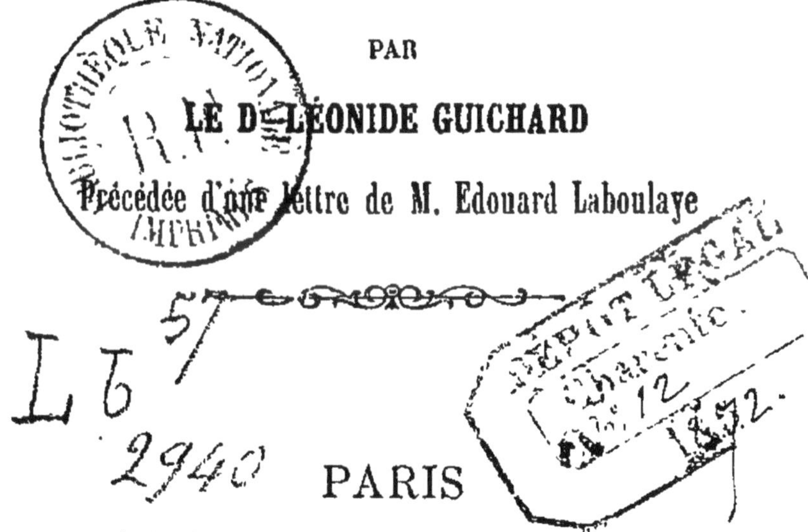

PARIS

André SAGNIER
éditeur
7, Carrefour de l'Odéon, 7

Décembre ALONNIER
éditeur
20, rue Suger, 20

1872

Prix : 30 centimes.

La présente édition étant une œuvre de propagande, les éditeurs la céderont aux propagateurs aux conditions suivantes :

50 exemplaires.	**12** fr.	**00**
100 —	**22**	**50**
300 —	**60**	**00**
500 —	**90**	**00**
1000 —	**150**	**00**

Elle pourra également être comprise dans les demandes de volumes de la **Bibliothèque de propagande républicaine** (voir d'autre part).

A M. LÉONIDE GUICHARD

Glatigny-Versailles, 21 novembre 1871

MONSIEUR,

Je vous remercie de m'avoir envoyé votre lettre à M. Grévy; c'est un très bon programme de ce que je nommerai la démocratie pacifique, celle qui veut le progrès par la discussion et la vérité, et qui ne croit ni aux révolutions ni à la force. Vous dire que je suis entièrement de votre avis et que je signerais des deux mains votre programme, c'est, je crois, chose peu nécessaire; vous connaissez de longue date mes opinions: il y a plus de vingt ans que j'essaie de convertir mes concitoyens à la véritable liberté. Mais je puis vous dire que c'est une grande joie pour moi de voir ces idées libérales se propager, grâce au zèle et au talent des vrais amis du progrès, et il me semble que votre programme, écrit d'un ton excellent, a tout ce qu'il faut pour conquérir le lecteur à la bonne cause. Je vous en félicite et serais heureux de voir publier en brochure et répandre largement cette lettre, qui ne saurait avoir trop de lecteurs.

Recevez, je vous prie, l'assurance de toute ma sympathie.

Votre tout dévoué,

Ed. LABOULAYE.

LETTRE

A M. JULES GRÉVY

Président de l'Assemblée nationale

Monsieur le Président,

Je m'adresse à vous comme au premier citoyen de la France libre.

Cette qualification vous appartient bien, amis et adversaires vous la décernent à l'envi. On peut vous rendre ce témoignage que vous êtes un républicain sans peur et sans reproches. A qui donc m'adresserais-je, pour soumettre mes réflexions politiques et sociales, si ce n'est à celui qui préside avec tant d'impartialité, de tact et d'intelligence aux délibérations des représentants du pays, et dont les vertus républicaines arrachaient naguère à un vieux monarchiste, illustre homme d'Etat plus qu'octogénaire, cette phrase qui restera, parce qu'elle est sincère et vraie : « Vous êtes le premier citoyen de la France libre. »

En prenant la plume, au lendemain des

élections complémentaires du 2 juillet, je ne puis me défendre, je l'avoue, d'une secrète joie.

Il me semble que dans les conditions nouvelles qui nous sont faites par le dernier scrutin, si la France sait être sage, sait être digne, elle aura enfin trouvé son équilibre et ne sera pas, comme depuis bientôt quatre-vingts ans, incessamment ballottée de la royauté à la République, de la République à l'empire, de l'empire à la ruine *et vice-versâ*.

La République française, a dit M. A. Dumas fils, dans une lettre qui restera célèbre : « la République française est mal famée et a de déplorables antécédents. » ' Mais, qu'importe ! de l'excès du mal sortira le bien. Comme l'acier qu'on passe au brûlant creuset pour l'affiner, ainsi la République française sortira régénérée des plus cruelles épreuves qu'il ait été donné à un peuple de traverser.

Aucune humiliation ne lui a été épargnée. Déchirée, morcellée par l'étranger qui lui enlève ses deux plus patriotiques provinces, la fleur de la France, tandis qu'une poignée d'énergumènes, atteints de manie furieuse se dévorent entre eux et tiennent en échec, pendant plus de deux mois, notre brave armée qui accomplit tout à la fois le plus saint et le plus douloureux des devoirs.

Enfin, pour couronner leur œuvre impie, scélérate, ces forcenés imprégnent de pétrole les murs de notre glorieuse capitale, l'embrasent et immolent de nobles et innocentes victimes, parmi lesquelles on compte un illustre prélat, un vénérable prêtre, un président à la cour de cassation qui s'était fait remarquer au Sénat par une rare indépendance d'esprit et de caractère, et un vaillant républicain, avocat de mérite, publiciste distingué : Gustave Chaudey.

Mais ces licences, mais ces crimes, nous le savons, monsieur le Président, ne sont pas le fait de la République et ne doivent pas lui être imputés. Il faut l'avouer, si de tels excès, si de tels crimes étaient nécessairement la conséquence de l'établissement de la République en France, il ne faudrait pas seulement l'ajourner, mais pour toujours y renoncer. Non, mille fois non ! la République n'est pas plus responsable des crimes de la Commune que le christianisme n'est solidaire des horreurs de l'inquisition ou des massacres de la Saint-Barthélemy.

Pauvre et chère République! Elle a été bien près de sombrer, compromise tout à la fois par le zèle maladroit de ses amants passionnés et par les intrigues dynastiques de ceux qui la montrent au peuple ignorant sous les couleurs les plus sombres, en la rendant complice des crimes de la Commune.

Quant à moi, j'ai une foi entière dans la parole de l'illustre Président du Pouvoir exécutif, et je sais que sous sa haute direction on fera l'essai de cette forme de gouvernement qui est, pour tant de personnes encore, un sujet d'épouvante et d'effroi, et j'ajouterai, sans crainte de me tromper, que l'essai en sera fait loyalement, de bonne foi. Oui, en arrivant au pouvoir, M. Thiers a trouvé cette forme de gouvernement, et il la conservera, dût-il la protéger d'une double haie de baïonnettes. Il quitterait le pouvoir plutôt que de manquer à sa parole.

Je désire qu'il soit d'abord bien entendu que si je parle ici en défenseur sincère et convaincu de la République, je sais respecter mes adversaires politiques : les partisans de la monarchie à tout prix. Je sais respecter toutes les opinions et ceux qui les représentent, lorsqu'ils sont sages et dignes.

Dans le cours de cette lettre, il m'arrivera souvent de combattre leurs idées, mais jamais ceux qui les personnifient, et je pense que la cause que l'on défend gagne plus qu'on ne croit à cette absence de personnalités.

D'ailleurs, si j'avais à parler des prétendants au trône de France, je dirais que celui qui s'intitule le chef de la maison de France a écrit une lettre empreinte d'une grande sincérité, d'une grande loyauté. Ses partisans ont été souvent héroïques sur les champs de bataille, mais ces messieurs n'ont qu'un tort : c'est de vouloir nous ramener en arrière, en plein moyen-âge, tandis que nous, nous voulons marcher en avant, progresser. Comme si, a dit excellemment M. Edouard Laboulaye, jamais l'homme pouvait revenir à son passé ; comme si jamais l'eau d'une rivière pouvait couler deux fois à la même place ; comme si Héraclite n'avait pas déclaré, avant notre ère, que l'homme ne se baigne jamais deux fois dans le même fleuve.

Que dirai-je maintenant de cette illustre et noble famille d'Orléans, hier encore dans l'exil, aujourd'hui en vue du trône, et dont l'honnêteté et la probité sont proverbiales, et qui a assurément toutes mes sympathies. Mais voilà, *si amicus Plato, magis amica veritas.*

Est-ce à dire que la France soit républicaine, j'ose à peine l'affirmer. Est-elle davantage monarchiste, je ne le pense pas. Il faut le reconnaître, en effet la France n'a pas, à proprement parler, de convictions politiques bien définies, et elle ne peut pas en avoir, puisque son éducation n'est pas faite encore.

Elle a un tempérament qui échappe à toute analyse. Notre société actuelle peut se diviser en quatre classes dont les opinions politiques différent étrangement : ce sont la noblesse et le clergé, la bourgeoisie, l'ouvrier des villes, et celui des campagnes ou le paysan.

La noblesse et le clergé ont toujours vécu dans la plus étroite intimité et l'on peut dire, en général, que leurs opinions politiques et religieuses sont identiques. Ce sont les gens de la tradition. Ils vivent sur une planète dont les deux pôles sont représentés : l'un par le pape infaillible et l'autre par Henri V, comte de Chambord. Ils sont attachés à la légitimité comme le lierre l'est à l'arbre qui le supporte. On peut dire d'eux qu'ils n'ont rien appris et rien oublié. Leur roi, le comte de Chambord, disait tout récemment dans un manifeste qui a eu une immense publicité et un grand retentissement, qu'il fallait revenir au drapeau blanc, et faisait de la couleur de son drapeau une question qui engage son honneur et sur laquelle il ne céderait jamais. Evidemment, parler ainsi, montre que l'on ne comprend ni son temps, ni son pays.

Dans une lettre qui avait précédé ce manifeste, le royal écrivain ne nous a pas dissimulé qu'une fois rétabli sur son trône, il engagerait la France dans une nouvelle expédition romaine, afin de faire restituer au Saint-Père son pouvoir temporel: c'est dire qu'il sacrifierait son pays à ses principes. Il faut bien le reconnaître, celui qui s'exprime de la sorte, en un pareil moment, a certes une grande témérité, mais aussi beaucoup de franchise et de sincérité.

La bourgeoisie est une classe mixte réunissant toutes les couleurs politiques, mais qui néanmoins semble particulièrement attachée à la dynastie des princes d'Orléans. Toutefois, à l'heure actuelle, elle compte dans son sein beaucoup de ses membres qui, tout en conservant à la France la forme républicaine, verraient peut-être avec plaisir M. le comte de Paris accepter la succession de M. Thiers, comme président de République héréditaire.

Que dirais-je maintenant des ouvriers, de cette classe qui, à bon droit, nous préoccupe le plus et qui est l'une des plus intéressantes de la société ? Elle est généreuse, possède un grand cœur, est susceptible des plus grands dévouements, des plus hautes actions; mais aussi, à un moment donné, elle se lance quelquefois dans les plus grands excès. L'ouvrier, a dit dans un magnifique langage M. Rossew-Saint-Hilaire, professeur à la Faculté des lettres de Paris, l'ouvrier a de mauvaises habitudes et de bons instincts. N'ayant rien à lui, il est toujours prêt à se dépouiller de tout et à tout risquer. Les grandes actions, les mouvements généreux l'électrisent, il a dans son cœur un écho toujours prêt à vibrer pour chaque grande cause. Chez lui, point de calculs intéressés, point d'habiles ménagements : il ne sait pas, comme le paysan, peser au trébuchet chacune de ses paroles, pour savoir si elle ne pourra pas le compromettre. Il parle comme il agit, sans se soucier de ce qu'il adviendra. Il se sent libre, il l'est, il le sera avec tout le monde et sous tous les régimes. Une des grandes qualités de l'ouvrier, c'est sa droiture, sa franchise. Par instinct, il est républicain, mais parfois il se jette dans les excès de la démagogie. Je n'hésite pas à dire, cependant, que l'ouvrier qui aura reçu une bonne éducation sera un honnête républicain.

Quant à l'ouvrier des campagnes ou paysan, s'il n'a point les défauts de l'ouvrier, il en a rarement les qualités. En général, égoïste par dessus tout, il est attaché à la terre comme à son Dieu. Les intérêts matériels ont seuls le pouvoir de le préoccuper. Calculateur intéressé, il est le plus grand ennemi de la liberté, en ce sens qu'il aime toujours, dans les affaires administratives, à sentir une main qui le guide et le dirige. Dans sa famille, au contraire, il est intolérant et souvent tyrannique à force de vouloir la liberté pour lui et non pour les siens. La terre, la terre ! voilà son idéal. Il s'y cramponne comme à son sauveur. Si nous comptons encore aujourd'hui, parmi les paysans, tant de gens attachés à la famille Bonaparte, cela tient tout simplement à ce que, sous l'empire, le paysan a bien vendu ses produits et a fait, comme il le dit, ses affaires. Cette famille lui apparaît, en effet, comme la protectrice naturelle de ses intérêts. Si le paysan se méfie de la République, il ne faut pas beaucoup s'en étonner. A dire vrai, on lui en a dit tant de mal. On la lui a peinte sous les couleurs les plus noires, en lui criant sur tous les tons que les républicains étaient des partageurs, presque toujours sans fortune, et qui n'attendaient que le moment favorable pour partager ses propriétés entre ceux qui ne possédaient rien. Faut-il s'étonner maintenant que le paysan, dont le patrimoine a souvent été acquis au prix de bien des peines, de bien des sueurs et parfois d'immenses sacrifices, ait conçu de l'aversion pour une forme de gouvernement qu'il voit toujours suspendue sur sa tête comme l'épée de Damoclès? Evidemment non. Mais, s'il est quelque chose au monde que le paysan ait en haine, en horreur, c'est l'appréhension de voir remonter sur le trône la famille de la branche aînée des Bourbons. Oh! alors, ils sent sa propriété directement menacée, il ne conserve plus d'illusions, il voit en perspective le retour des droits féodaux, des dîmes, des redevances, et lui si calme d'ordinaire, si placide, si peu belliqueux, devient furieux et est prêt à entrer en lutte avec un parti qu'il regarde comme son plus grand ennemi ; prêt à se sacrifier cette fois pour ce lopin de terre, ce pourquoi seulement il croit qu'il vaut la peine de vivre.

Je ne crains pas d'affirmer que si le paysan était éclairé, s'il avait reçu un peu d'éducation, il serait franchement républicain : il comprendrait alors que la démocratie, en servant les intérêts de tous, sauvegarde aussi les siens.

On peut donc dire de la France qu'à part la noblesse et le clergé qui, en général, sont attachés irrésistiblement à la légitimité, les autres classes de la société sont prêtes à accepter le régime républicain, à en faire l'expérience ; et, lorsque l'éducation de la nation sera faite, il y a tout lieu de croire que la République française sera définitivement fondée.

Je me propose d'examiner maintenant, très succinctement, les défauts de notre caractère national, défauts qui nous ont perdus et nous perdront encore, si nous ne savons pas nous en corriger à temps ; et, enfin , les moyens de relèvement, de régénération que nous avons entre nos mains et que nous devons immédiatement mettre en œuvre, sous peine de voir bientôt notre malheureux pays déchoir complétement et périr.

On a dit souvent et on répète encore : les races latines ont des vices incurables, elles sont destinées à disparaître ; l'avenir appartient tout entier à la race anglo-saxonne. Je dirai tout d'abord que la France appartient à la race gauloise et non latine; mais, ce qui est vrai, c'est que le peuple français est un peuple de langue latine, à qui la conquête romaine a fait un mal immense par le mélange des races. Ce qui est appelé à disparaître, ce ne sont pas les peuples de race latine, mais les défauts et les vices inhérents à cette race, et je dirais volontiers avec un des esprits les plus éminents et les plus charmants de ce temps-ci, M. E. Laboulaye, que les Romains représentent la guerre, eux qu'on veut nous faire adorer et que je regarde, moi, comme une race née pour le malheur du monde : en effet, elle a militarisé l'esprit humain.

Nous devons voir aujourd'hui où nous a conduits ce militarisme à outrance que nous tenons des Latins. Le peuple français a le fanatisme militaire, et comme tous les fanatismes sont frères, il a toujours voulu imposer ses idées par la force : la royauté, la ligue, la révolution, la commune sont là pour l'attester. Le peuple français n'a, jusqu'aujourd'hui, tenu aucun compte de l'expérience qu'il a si souvent et si chèrement achetée : il se lance sans réflexions dans les entreprises les plus diverses, les plus opposées. Ardent et passionné, il marche à tout hasard, — comme l'a fort bien dit M. Gaufrès, dans un remarquable article inséré dans le journal la *Renaissance*, — entre la mollesse égoïste du riche et la brutale convoitise du prolétaire : la sagesse, la vigueur, l'expérience font défaut. Notre peuple est naïf et capricieux comme un enfant, et possède à un haut degré l'amour-propre, la vanité nationale. Nous avons été souvent, presque toujours même, victorieux sur les champs de bataille de l'Europe, et certes nous nous en faisons gloire ; mais, par contre, arrive-t-il un jour où la victoire déserte notre drapeau, au lieu de reconnaître notre infériorité pour en rechercher les causes et y remédier, tout le monde crie à la trahison. Nous sommes trahis! voilà le cri général qui s'échappe de presque toutes les poitrines françaises, le lendemain d'une défaite. Nous avons pu et nous pouvons encore en faire l'expérience après les désastres de notre dernière guerre. Si vous parcourez les villes ou les campagnes, quel est le sentiment général de nos populations ? c'est que nous avons été trahis par nos généraux! Le Bœuf a trahi, Bazaine a trahi, Trochu a trahi; c'est une trahison générale et sur toute la ligne : de telle sorte qu'aujourd'hui l'on peut dire que le mot *trahison* est le plus français du dictionnaire.

Napoléon 1er lui-même, dans une de ses dernières proclamations, s'écriait : « O France, quelques traîtres de moins et tu serais encore la grande nation, la reine du monde ! »

Eh ! mon Dieu, je n'ai pas à rechercher ici si tous les chefs de nos armées ont toujours rempli leurs devoirs; s'il n'y en a

pas quelques-uns, par exemple, qui n'aient
pas toujours été à la hauteur des circons-
tances et dont la faiblesse, la timidité,
l'inexpérience et le défaut de science militaire ont pu nous nuire ; mais, ce que je me
refuse à croire, c'est à la trahison ! cela me
paraît tellement affreux, tellement exorbi-
tant, que je ne puis l'admettre. Ah ! je sais
bien ce qui nous a le plus trahis : c'est notre
naïveté, notre légèreté, notre vanité, notre
inexpérience et notre défaut de science ; ce
qui nous a perdus, ce qui nous perdra encore
si nous n'y portons remède, c'est cet esprit
de tradition dont il semble qu'à aucun prix
nous ne voulions nous débarrasser : c'est
un mal chronique, qu'il sera très difficile
de guérir en y substituant la sagesse, le
raisonnement, le sens commun, le bon sens,
le sentiment de la réalité, autant de qualités qui ont rendu grandes et prospères,
libres et fières, ces nations aujourd'hui
florissantes en Europe et en Amérique. De
plus, comme l'a fait justement remarquer
un orateur distingué, écrivain d'un grand
mérite, M. Athanase Coquerel fils : un des
plus grands défauts de notre société, c'est
son étroitesse d'esprit.

Le peuple français a soif d'uniformité et de réglementation : il cherche à introduire des règlements partout. Aussi, quel ne fut pas notre étonnement lorsque, il y a environ deux ans, on envoya demander à la Chambre des Communes son règlement, et qu'elle répondit qu'elle n'en avait point. Un autre travers de notre société actuelle, c'est son aversion pour les livres ou les idées qui nous viennent de l'étranger. Notre société a en horreur les produits étrangers, produits de l'intelligence, bien entendu : elle est encore toute possédée par l'esprit de routine. Mais, si elle a de nombreux défauts qui l'ont perdue, elle a cependant une grande qualité qui ne lui a pas toujours été très avantageuse dans la diplomatie : je veux parler de sa générosité. Quelquefois généreuse à l'excès, — mais toujours son cœur palpite pour les grandes et nobles causes, — et il n'y a pas une nation dans le monde à qui elle n'ait tendu la main, lorsque cette nation était dans le malheur, la France s'est toujours constituée le défenseur des faibles, des opprimés : la guerre de l'indépendance américaine, la guerre de Crimée, la guerre d'Italie sont là pour le

prouver, et, si le gouvernement d'alors
eût suivi l'impulsion de la France, la Prusse
et l'Autriche n'auraient pas écrasé ce noble
petit peuple danois, et la Pologne, dans
son désespoir, n'aurait pas jeté ce cri de
désespérance : « Dieu est trop haut et la
France trop loin » et à cet appel énergique
et entraînant que Béranger met dans la
bouche de Poniatowski : « Rien qu'une
main, Français, je suis sauvé » la nation
tout entière se fût levée comme un seul
homme pour voler au secours de celle qui
lui a toujours été fidèle, à travers la bonne
comme la mauvaise fortune.

Je me propose d'étudier maintenant nos
moyens de relèvement, de régénération.
En première ligne, je place l'éducation.

Développer en l'homme toutes les facultés
physiques, intellectuelles et morales, voilà
l'éducation. L'homme étant un être essen-
tiellement éducable, le priver d'instruction
et d'éducation, c'est manquer au plus sacré
des devoirs. La culture de l'esprit, la culture de l'âme, voilà ce dont un père, une
mère, ne doivent jamais priver leurs enfants.
Dieu a dit : que la lumière soit ! Oui,
répandre à profusion l'éducation, l'instruc-

tion, la lumière, c'est le plus saint des
devoirs. Il prime tous les autres. Je dénie
à qui que ce soit le droit de priver de
lumière une âme immortelle, et comme l'a
si bien dit, dans un merveilleux langage,
M. Ernest Renan : « Condamner un homme
à ne pas recevoir l'instruction, c'est déclarer
qu'il n'a pas d'âme, qu'il n'est pas fils de
Dieu et de la lumière. » Condamner un être
humain à l'ignorance, dirai-je à mon tour,
c'est le condamner à la misère, peut-être
au vol, peut-être même au meurtre. Les pri-
sons et les bagnes regorgent de ces deshé-
rités de l'éducation. L'échafaud, l'échafaud
lui-même, s'il pouvait parler, nous dirait
plus éloquemment que quoi que ce soit au
monde, combien de misérables que le manque
d'éducation seulement a fait monter sur sa
plate-forme et disparaître sous le couperet de
la guillotine.

On peut dire que parmi les nations de
l'Europe et du monde, la Grèce a été le
flambeau de l'humanité. La République
grecque a duré dix siècles, et durant ces
dix siècles quels magnifiques spectacles ne
nous a-t-elle pas offerts ? Quelle est la cause
de la durée et de l'éclat que ces charmantes

petites sociétés grecques jetaient sur le monde à cette époque ? une seule, qui réside dans l'éducation solide que l'Etat donnait dans ce pays. Les Romains, au contraire, possédant au suprême degré l'esprit militaire, négligèrent l'éducation du peuple, et ce fut une des principales causes de leur faiblesse et de leur décadence. Rome n'a été grande qu'aussi longtemps qu'elle s'est pénétrée des leçons d'Athènes.

En France, à partir du ɪᴠᵉ siècle jusqu'à l'an 1200, l'éducation fut placée entre les mains de l'Eglise, et ce n'est qu'à cette dernière date qu'a été fondée cette Université de Paris qui eut un si grand retentissement dans le monde entier, mais l'Université qui siégeait à la Sorbonne n'était représentée que par des membres du clergé de France.

Au moyen-âge, le monde est enveloppé des plus épaisses ténèbres. L'homme, à cette époque, a dit un maître de l'éloquence, le vaillant républicain F.-A. Bancel, l'homme ne sait ni son droit, ni son devoir social, ni ses destinées, ni soi-même. Que sait-il ? Rien, et c'est par là qu'il est vaincu. L'instruction, l'éducation, dis-je, étaient entre les mains du clergé, et ce ne fut que plus tard que l'Etat devint le maître de l'Université.

C'est à la Réforme que revient l'honneur d'avoir achevé l'émancipation de l'Université, le jour où elle plaça l'école à côté de l'Eglise.

Quels sont les vrais, les seuls éducateurs de l'enfant ? les parents et plus particulièrement la mère. En effet, si l'instruction se donne à l'école, c'est au centre de la famille, au foyer domestique qu'on reçoit l'éducation, et j'ajouterai que c'est à la femme, à la mère qu'est dévolue la tâche d'élever son enfant.

En Allemagne et en Amérique, un grand nombre d'écoles mixtes sont dirigées par des femmes. C'est sans conteste la meilleure méthode d'éducation. En effet, c'est en vivant côte à côte avec cet être faible et délicat que l'enfant apprendra à connaître le sexe le plus faible, à l'honorer, à le respecter, et, lorsqu'il sera devenu grand, il aura conservé pour celle qui doit être sa compagne ce respect et ces égards qu'il avait vis-à-vis d'elle dès sa jeunesse.

Si l'Amérique est aujourd'hui la première

nation du monde, elle le doit à la femme. « C'est la femme américaine qui a créé l'Amérique, a dit M. de Tocqueville. C'est à la femme française à créer la France, a dit à son tour un valeureux champion de la démocratie, M. E. Pelletan. » Oui, oui, que la femme française se mette immédiatement à l'œuvre, afin de régénérer la France par l'éducation.

Montesquieu a dit avec beaucoup de raison que la chasteté des femmes était si bien liée à la grandeur, à la prospérité des empires, que ceux dans le sein desquels elle n'existait pas, étaient condamnés à une incurable faiblesse et à une inévitable décadence.

Hâtons-nous donc, en conséquence, de relever la femme, de l'élever afin qu'elle devienne l'éducatrice du genre humain. Occupons-nous immédiatement de l'éducation des femmes, et pour cette œuvre, dont je ne crains pas de dire qu'il n'y en a pas de plus grande, de plus sainte, il n'y a pas une heure, pas une minute à perdre.

La société antique maintenait la femme dans un état d'infériorité, d'abaissement et de dégradant esclavage. Dans le pays même le plus instruit, le plus lettré du monde, en Grèce, où l'instruction et l'éducation étaient répandues à profusion, la femme n'apprenait jamais à lire et à écrire.

Aujourd'hui, dans les pays de race et de langue latines, on apprend bien à la femme les arts d'agrément, la musique, la danse, le dessin, la peinture, mais son instruction et son éducation sont fort négligées ; eh bien ! à mon sens, il faut donner à la femme une bonne éducation, une instruction vraie, solide , sérieuse. Il faut enseigner à la femme la philosophie, lui apprendre à penser et lui donner des leçons d'hygiène; en un mot, il faut en faire une femme forte. Ah ! quand nous aurons beaucoup de ces femmes fortes, de ces femmes vaillantes, dévouées à l'éducation de notre jeunesse, comme en Amérique, nous pourrons être tranquilles , notre régénération sera proche , car notre nation à son tour deviendra forte, deviendra vaillante et brillera d'un éclat tout nouveau, faisant rayonner ses lumières sur tout ce qui l'environne.

Ce sont les femmes qui élèvent les jeunes Américains, ce sont elles, en effet, qui en se dévouant tout entières à l'éducation des nègres, ont résolu ce fameux problème de l'affranchissement de plus de quatre millions d'êtres humains privés de tout, de pain, de vêtements et dénués de toute culture de l'esprit et du cœur. Elles se sont mises vaillamment à l'œuvre, lès unes ont confectionné des vêtements, les autres se sont improvisées maîtresses d'école, et toutes ont entrepris et mené à bien cette lourde mais glorieuse tâche de transformer toute cette population de nègres et de rendre sans danger à la liberté ces quatre millions d'âmes.

Si les femmes françaises avaient, comme leurs sœurs d'Amérique, le sentiment de leurs devoirs d'éducatrices de la France, si elles comprenaient tout à la fois la grandeur et la sainteté de leur mission, celles qui le peuvent, —et elles sont plus nombreuses qu'on ne croit, — se mettraient immédiatement à l'œuvre, et demain, oui, demain ! la France serait sauvée.

Horace Mann, un Américain qui a fait immensément pour l'éducation de son pays, et peut être considéré à bon droit comme le créateur des écoles, telles qu'elles sont installées aujourd'hui aux Etats-Unis, disait avec raison que l'école était le moyen que Dieu avait inventé pour faire le bonheur du monde, et que c'était à nous de nous en servir.

L'Assemblée nationale a donc un pressant devoir à remplir : c'est celui de décréter l'instruction primaire, gratuite, obligatoire et laïque.

Dans ce moment, où l'on parle tant de capitaux à réaliser pour faire face aux emprunts que nous avons contractés, gravons dans nos esprits et dans nos cœurs ces mémorables paroles d'Horace Mann : « Vous vous préoccupez, disait-il, sans cesse de capitaux et de machines, mais la première machine, c'est l'homme ; le premier capital, c'est l'homme et vous le négligez !

« Vous construisez des tribunaux, des hospices, pourquoi ? pour punir des gens que l'ignorance a rendus criminels, pour recueillir des misérables qui n'ont pu réussir ici-bas faute d'instruction. N'êtes-vous pas auteurs ou complices de ces maux que vous essayez en vain d'empêcher ou de guérir. Etablissez des écoles, vous chasserez l'ignorance, le crime et la misère, vous diminuerez les haines et vous ferez la fortune et la grandeur du pays par l'aisance, la moralité et le bonheur de chacun. « J'ajouterai que c'est le seul moyen de fonder en France la République, c'est-à-dire le gouvernement du pays par le pays et pour le pays, ou selon la définition de celui qui fut l'honnête, le vertueux Abraham Lincoln, le gouvernement du peuple par le peuple et pour le peuple. Oui, améliorer l'esprit et le cœur des masses, c'est travailler efficacement à la consolidation de la République.

Il est essentiel que l'instruction primaire soit laïque. Là où l'éducation est sacerdotale, congréganiste, il arrive souvent que le temps consacré à l'école se passe à réciter des prières latines, dire le catéchisme et à chanter des cantiques. Au lieu de développer l'esprit et le cœur des enfants, on mutile leur raison, on fausse leur jugement. Dans de telles conditions, il est préférable de rester complétement dans l'ignorance, plutôt que de recevoir une éducation qui ne peut qu'être nuisible pour l'enfant qui la reçoit et pour le pays auquel il appartient. Mais, quand la France saura lire et écrire, il lui faudra des ouvrages moraux, sérieux qui, tout en éclairant l'intelligence, vivifient le cœur. Pour cela faire, il nous faudra créer, fonder, favoriser les bibliothèques populaires. En Amérique et en Angleterre, un des grands moyens que l'on emploie pour la diffusion de l'instruction, c'est l'institution des conférences populaires. Nous en avons déjà fait l'essai en France et nous nous en sommes bien trouvés. Les conférences ont transformé l'Angleterre, l'Amérique et elles sont destinées à transformer la France.

Dans ces dernières années d'abaissement et de décadence morale, la France s'était enivrée de courses de chevaux. On courait sur le turf et on assistait avec la fièvre de la curiosité à ces luttes équestres. Le vainqueur était acclamé, couronné et son nom, allant de bouche en bouche, passait à la célébrité. Le peuple français était devenu un peuple de turfistes.

Quant aux choses de l'esprit, de l'intelligence, elles le laissaient complétement indifférent. Il est vrai que le gouvernement d'alors faisait tous ses efforts pour nous en éloigner. Lorsqu'une question d'instruction, d'éducation était soulevée par des hommes sérieux et profondément instruits, c'était toujours pour lui une question brûlante et qui l'inquiétait vivement ; aussi le ministre

éminent, M. Duruy, qui dirigeait il y a
quelques années avec tant d'intelligence et
de talent le département de l'instruction
publique,` ne pût-il :conserver son porte-
feuille à partir du jour où il fit un rapport
sur la nécessité urgente de rendre l'instruction primaire gratuite et obligatoire. Il
emporta dans sa retraite ses beaux projets
sur la réforme de l'éducation, et lorsque ce
même ministre, qui comprenait bien la
grandeur de sa mission, voulut s'occuper de
l'instruction secondaire des filles, il déchaîna
contre lui presque tout le clergé, et en par-
ticulier monseigneur Dupanloup qui, com-
prenant à merveille le rôle immense que
joue la femme forte dans la famille, prévoyait
d'avance l'étendue de la révolution morale
et intellectuelle que cette réforme apporterait
dans l'esprit des femmes d'abord, puis dans
la famille et enfin dans la société. Ce jour-
là, en effet, l'ultramontanisme aura reçu
un coup dont il ne se relèvera jamais.

M. Duruy avait parfaitement diagnos-
tiqué notre maladie, notre plaie sociale
qui réside dans le défaut d'éducation des
femmes. Oui, aussi longtemps que nous lais-
serons la femme dans l'ignorance, je le dis

haut et ferme, nous n'aurons rien fait pour régénérer notre malheureuse patrie.

Sous l'empire, le gouvernement tenait à peu près ce langage : Que réclamez-vous? N'avez-vous pas à votre disposition tous les moyens pour répandre l'instruction, l'éducation? On vous a accordé le droit de faire des cours, des conférences partout où vous le désirez. Non-seulement on vous a octroyé le droit de tout dire, non-seulement on vous a donné toutes les libertés et surtout celle de la parole, dont vous abusez chaque jour jusqu'à la licence ; mais vous avez voulu fonder des bibliothèques populaires et, loin d'y apporter des entraves, le gouvernement s'y est en quelque sorte associé et les a encouragées. Aucun moyen de publicité ne vous a été refusé. Je le crois bien, répondrai-je, il n'y a pas beaucoup d'inconvénients à semer des livres entre les mains d'une nation dont un tiers au moins ne sait ni lire, ni écrire. D'un côté, en refusant l'instruction gratuite et obligatoire, vous ne voulez pas que tout le monde sache lire et écrire et, d'un autre côté, en accordant tous les moyens de publicité, vous permettez de lire à ceux qui ne le savent pas. Vous agissez en ceci comme Catherine II, impératrice de Russie. On racontait un jour à Voltaire, dit M. Saint-Marc Girardin, dans une de ses conférences à Paris, on racontait un jour à Voltaire que Catherine II était une femme admirable, une femme de progrès, puisqu'elle permettait, dans ses Etats, d'imprimer tout ce qu'on voulait. « Je le crois bien, répondit le célèbre philosophe, son peuple ne sait pas lire. »

J'ose espérer que l'Assemblée nationale de la République française aura à cœur de ne pas mériter le même reproche et qu'elle s'empressera de décréter l'instruction primaire, sinon laïque, gratuite et obligatoire, tout au moins obligatoire avec la demi-gratuité.

J'arrive maintenant à la grande question de la séparation de l'Eglise et de l'Etat, c'est-à-dire de l'Eglise libre dans l'Etat libre.

Les Républiques de l'antiquité n'ont jamais respecté les droits de la conscience humaine. Dans la Grèce et à Rome, il allait en exil, celui qui ne voulait pas adorer les dieux de l'Etat.

C'était l'Etat qui avait entre les mains le

monopole de l'éducation et de la religion. Il était banni, celui qui ne voulait pas se courber devant ces divinités du paganisme. Il était appelé corrupteur de la jeunesse et chassé de sa patrie, celui qui commettait le crime d'enseigner en dehors des programmes des règlements de l'Etat. L'exemple du plus grand philosophe de l'antiquité, de Socrate, en est un frappant témoignage. « Il vaut mieux, dit-il, obéir aux dieux qu'aux hommes. » Grande et sublime parole que quelques siècles plus tard un apôtre persécuté répètera devant ses juges : « Il vaut mieux obéir à Dieu qu'aux hommes. »

On peut dire que, jusqu'à Jésus-Christ, la conscience humaine a toujours été asservie. C'est lui qui le premier l'a affranchie, en l'émancipant. On peut l'appeler, à juste titre, le grand émancipateur de la conscience humaine, et, si l'Eglise a persécuté et est devenue intolérante et tyrannique, ce n'est qu'à partir du jour où elle a été unie à l'Etat. Mais la religion chrétienne ne peut être rendue solidaire des crimes commis en son nom depuis Constantin jusqu'au XVIIIe et même au XIXe siècle. Qu'on y fasse bien attention, je ne parle pas seulement ici de l'Eglise catholique. Je dis que toute Eglise qui est unie à l'Etat, à un moment donné, devient intolérante et persécutrice. Les horreurs de la Saint-Barthélemy, celles de l'inquisition, le bûcher de Gordano Bruno, celui de Michel Servet, les persécutions religieuses en Suède, en Espagne, en Italie, en France il y a à peine quelques années, nous crient avec une navrante éloquence d'émanciper la conscience et de séparer l'Eglise de l'Etat.

Ce que je dis est tellement vrai, que si l'on disait aujourd'hui à quelqu'un qu'il y a une douzaine d'années seulement, en France, la conscience n'était pas libre et que la liberté religieuse était un leurre, un vain mot, inscrite il est vrai dans la loi, mais qui n'en était pas moins abrogée en fait, on me croirait à peine, et cependant rien n'est plus exact, car un des orateurs les plus éloquents et les plus entraînants de notre temps, — que Paris doit être fier de compter parmi ses représentants, — M. Edmond de Pressensé, se rendit en 1856 à Bellac, dans la Haute-Vienne, pour défendre devant le tribunal de cette ville des paysans honnêtes et paisibles, dont le seul crime était de s'être réunis sans autorisation préalable pour prier Dieu selon leur conscience et leur raison.

Oui, en plein dix-neuvième siècle, en France, ces humbles paysans de la Haute-Vienne étaient obligés de se réunir au désert, dans les bois, pour implorer leur Dieu. En 1857, le même orateur plaidait un procès à peu près analogue devant le tribunal de Jonzac. Deux illustrations du barreau de Paris, MM. Bethmont et Leblond, ont eu plus d'une fois l'occasion de défendre de semblables procès.

Dans une de ses conférences, à Paris, M. de Pressensé s'écria : « Je suis avec les persécutés contre les persécuteurs. » Eh bien ! je dirai à mon tour de Jésus-Christ qu'il a toujours été et sera éternellement avec les persécutés contre les persécuteurs.

C'est le dix-huitième siècle qui a le plus fait pour émanciper la conscience, et le grand Voltaire s'est immortalisé dans sa belle défense de Calas.

L'illustre Mirabeau disait avec infiniment de raison que la religion n'est pas, ne peut pas être un rapport social. Elle est, disait-il, un rapport de l'homme privé avec l'être infini. Elle n'est pas plus nationale que la conscience.

En France, à vrai dire, il n'y a pas de religion d'Etat, puisque l'Etat salarie tous les cultes chrétiens et même le culte Israélite. Dans de semblables conditions, il ne devrait pas, paraît-il, en coûter beaucoup à l'Assemblée nationale pour prononcer d'abord la séparation de l'Eglise et de l'Etat et décréter ensuite la suppression du budget des cultes. Si l'on versait les quarante ou cinquante millions de ce budget dans celui de l'instruction publique, qu'on songe un instant au nombre considérable d'enfants qu'on pourrait faire bénéficier des bienfaits inestimables de l'instruction.

On me répondra, je le sais, que l'intérêt de l'Etat, comme celui de l'Eglise, exigent leur union, que l'Etat séparé de l'Eglise, sans idées morales et religieuses, deviendra sceptique, irréligieux, et qu'alors l'Eglise abandonnée à elle-même périra, si l'Etat ne salarie plus ses ministres. A ceux qui me poseront ces objections, je dirai tout d'abord : traversez l'Atlantique, allez aux Etats-Unis d'Amérique et voyez ce qui s'y passe. Là point d'Eglise unie à l'Etat, point de budget des cultes. Néanmoins, le peuple américain est le plus religieux du monde.

Les Eglises d'Amérique, toutes fondées et entretenues par l'initiative individuelle, sont les plus florissantes de l'univers. Ah ! c'est là, au sein de ces Eglises, à quelque communauté qu'elles appartiennent, qu'on respire un souffle vraiment religieux ! De cette séparation politique et de la complète liberté intérieure des églises aux Etats-Unis, a dit M. E. Laboulaye dans ses études morales et politiques, il est résulté des effets singuliers qui ont trompé tous les calculs. Dès que les fidèles ont été chargés seuls de soutenir leur culte et de propager leur foi, chacun a pris à sa communion un intérêt des plus vifs ; chacun s'est fait apôtre, et en même temps, par un effet naturel de la liberté sainement entendue, chacun a d'autant mieux respecté les droits d'autrui, qu'il s'est senti plus jaloux de ses propres droits. Plus loin, il ajoute : Comme on ne voit dans la variété des croyances qu'un effet naturel de la diversité des esprits, on ne sait pas ce que c'est que la haine théologique ; sans trop regarder au symbole, on s'entend aisément pour agir avec quiconque porte le nom de chrétien ; la charité gagne à cette union tout ce que le dogme y perd. « Cette action commune, dit l'éloquent professeur du collége de France, a enfanté des merveilles de charité : les missions, le ministère des pauvres, la réforme pénitentiaire, les sociétés de tempérance, mais, nulle part, l'esprit chrétien qui pénètre la société américaine n'est plus visible que dans l'institution qui fait la force et la gloire des Etats-Unis : je veux dire les écoles. Chez nous, catholiques, c'est surtout le cœur qui est en jeu; l'effort principal de la religion, c'est de pousser à la charité, c'est de mener au lit du pauvre et du mourant nos femmes les plus riches et les plus délicates. Aux Etats-Unis, on s'attache plutôt à prévenir la misère qu'à la soulager, et comme la nature de la croyance et l'habitude de la liberté y rendent plus sensibles la puissance et la responsabilité de l'individu, c'est à développer, c'est à fortifier l'individu que tendent tous les efforts des chrétiens et des politiques. De là, ces écoles du dimanche où la partie la plus riche et la plus éclairée de la société donne à l'autre moitié l'instruction morale et religieuse; de là ce dévouement chrétien des hommes les plus considérables par la fortune et le talent, pour répandre et multiplier les écoles, élever les classes inférieures et les amener, par l'éducation, à la seule et véritable égalité. Niveler par en haut *(levelling upwards)*, c'est la devise des Horace Mann, des Barnard, des Channing, des Everett, de tous ceux enfin qui ont compris que dans un pays libre, la religion et l'Etat ont un même problème à résoudre et un même intérêt à poursuivre : la perfection de l'individu. »

En se dégageant des liens de l'Eglise, l'Etat y gagnera en indépendance, en considération. Il sera tout aussi moral et aussi religieux qu'auparavant, même davantage, parce que la religion est une chose individuelle, une affaire de conscience et non de convention. Il n'y a que la foi individuelle qui puisse porter d'heureux fruits. Je répète que l'Etat sera au moins tout aussi moral, tout aussi religieux qu'auparavant, mais il le sera librement, spontanément.

A ceux qui voient dans cette séparation une ruine inévitable pour l'Eglise, je leur répondrai avec un grand philosophe et un grand chrétien de la libre Helvétie, Alexandre Vinet : « Que l'Eglise devienne ce qu'elle pourra, qu'elle devienne ce qu'elle doit devenir, qu'elle vive si elle a de quoi vivre, qu'elle meure si elle doit mourir *(sit ut est, aut non sit)*. Cette épreuve, elle doit toujours être prête à la subir : si elle n'y était pas toujours prête, elle ne serait pas de Dieu. Il faut qu'on sache ce que c'est que cette religion, si elle a une base ou si elle n'en a point. Il y aura, dit-on, des défections, c'est selon qu'on voudra l'entendre ; nous pensons, nous, que ceux qui croient réellement ne cesseront pas de croire, et que ceux qui ne croient pas, n'auront rien à abjurer » ;. et, plus loin il ajoute : « le sillon de l'évangile sera toujours baigné de la sueur ou des larmes de l'agriculteur, mais l'homme a un tel besoin de religion que, si par un funeste rapprochement vous ne lui faites pas prendre la religion pour une machine politique, ou pour une manœuvre sacerdotale, il lui rendra quelques hommages, il entretiendra quelques rapports avec elle. Il attendait pour la saluer de la rencontrer dans la solitude, dans le dépouillement et dans la majesté de l'indépendance. » Je souscris de grand cœur à ce magnifique langage de A. Vinet, et j'en conclus avec un spirituel et brillant académicien de regrettable mémoire, Prévost-Paradol, que « la meilleure législation des cultes est une page blanche. »

Si, en Europe, cette grande question de la séparation de l'Eglise et de l'Etat rencontre encore des adversaires nombreux et acharnés, je sais aussi qu'elle compte dans ses rangs de nobles et courageux champions. Parmi ses défenseurs, je citerai, en France, notre grand poëte national Lamartine, Prévost-Paradol, MM. J. Simon. E. Laboulaye, E. de Pressensé, qui, dans différents ouvrages et à des points de vue divers, ont abordé de haute lutte et avec un immense talent cette importante question de la *liberté de conscience, de la liberté religieuse* et ont résolu le problème dans le sens le plus large et le plus libéral.

En Suisse, A. Vinet, dans son magnifique ouvrage intitulé : de l'*Essai sur la manifestation des convictions religieuses et sur la séparation de l'Eglise et de l'Etat,* envisagée comme conséquence nécessaire et comme garantie du principe, a dans des pages brûlantes d'émotion et empreintes d'une inébranlable conviction, démontré victorieusement la nécessité de la séparation de l'Eglise et de l'Etat, afin d'assurer la liberté religieuse, l'émancipation de la conscience.

En Allemagne, les Bunsen et les Plitt l'ont réclamée avec une chaleureuse éloquence.

Nous voulons fonder en France la démocratie. Eh bien ! que l'Assemblée se mette hardiment, résolûment à l'œuvre, et, en décrétant la séparation de l'Eglise et de l'Etat, elle aura apporté une pierre de plus à l'édifice de la République. Et d'ailleurs, les Néander, les Bunsen, les Baur, les Gieseler et tant d'autres, n'ont-ils pas démontré par des faits irrécusables ce caractère démocratique et individualiste des Eglises primitives ?

Si quelques esprits se laissaient encore arrêter par les difficultés de ce changement de régime, de cette transition soudaine, je répondrais, avec M. J. Simon, que la liberté est toute-puissante pour guérir les maux produits par la liberté.

Il est évident que toute la difficulté de cette réforme de la séparation de l'Eglise et de l'Etat réside dans la question du traitement. Mais, comme le dit fort bien M. Edouard Laboulaye, « l'Angleterre vient de nous apprendre comme on dénoue ce nœud gordien sans le trancher. En abolissant l'Eglise d'Etat en Irlande, elle a considéré qu'en entrant dans les ordres tous les prêtres existants avaient en quelque façon contracté avec elle ; on leur a conservé leur traitement viager. On sait, en Angleterre, que la plupart du temps ce sont les intérêts particuliers qui font échouer les réformes les plus légitimes et, pour assurer la réforme de l'Eglise, on a désarmé les intérêts. Belle et sage politique que nous ferons bien d'imiter. »

En procédant ainsi, on arriverait peu à peu, insensiblement, sans secousses et sans violences, à la suppression du budget des cultes.

Favoriser ainsi par tous les moyens en notre pouvoir l'individualisme, c'est apprendre à l'homme à faire lui-même ses propres affaires, à penser, à agir seul et à n'avoir pas toujours besoin d'un tuteur. C'est en même temps porter au socialisme un coup mortel. Le socialisme, le communisme, tels que me paraît le comprendre l'Association internationale des travailleurs, et qui s'imposent par la force et par la violence, ne peuvent prendre racine dans un pays où l'individualisme fleurit. Qu'ils essaient donc de s'implanter, par exemple aux Etats-Unis d'Amérique, pays le plus individualiste du monde, et je ne crains pas d'affirmer que, si le matin les a vus naître, le soir les verra mourir. Non, non, sur un pareil terrain, de semblables utopies ne peuvent vivre longtemps : elles apparaissent, mais pour disparaître aussitôt.

Je ne dirai qu'un mot maintenant sur l'organisation militaire de la France.

En principe, je suis partisan déclaré de la suppression des armées permanentes et désire vivement que, à l'exemple des Etats-Unis d'Amérique, la France fasse passer une partie du budget de la guerre à celui de l'instruction publique. Une commission, nommée par l'Assemblée nationale, est chargée d'étudier et de proposer un projet de réorganisation militaire, et si la loi nouvelle, qui sera promulguée par l'Assemblée, décide que le service militaire sera obligatoire pour tous et que la durée du service actif n'excèdera pas deux ans, par exemple, nous pourrons considérer que c'est un immense pas de fait pour arriver un jour à la suppression complète des armées permanentes. En un pareil temps, en un semblable moment, je paraîtrai bien téméraire, aux yeux de beaucoup de personnes, en parlant de suppression ou plutôt de diminution considérable des armées permanentes. Mais, qu'on y prenne garde! Si je demande que le service militaire dans l'armée active soit réduit au moins à deux ans, comme l'a proposé le brave et vaillant général Faidherbe, je réclame avec énergie la création d'une immense réserve divisée en plusieurs bans, suivant l'âge, et qui soit appelée plusieurs fois, chaque année, à se livrer à tous les exercices militaires. Je ne demande donc pas la diminution du nombre des soldats, puisque je souhaite au contraire que tous les hommes soient soldats, et qu'à un moment donné, si besoin est, la nation tout entière armée soit équipée et prête à entrer en ligne dans l'espace de huit jours.

En effet, comme l'a dit avec infiniment de raison, dans un merveilleux langage, un homme dont l'intelligence est à la hauteur du patriotisme, et auquel une certaine presse apporte chaque matin son pain quotidien d'injures, mais qui, quoi qu'on en dise, a sauvé en province l'honneur de nos armées, l'honneur de la France, M. Léon Gambetta : « Il faut mettre partout, à côté de l'institutteur, le gymnaste et le militaire, afin que nos enfants, nos soldats, nos concitoyens soient tous aptes à tenir une épée, à manier un fusil, à faire de longues marches, à passer les nuits à la belle étoile, à supporter vaillamment toutes les épreuves pour la patrie. »

L'un des princes de l'éloquence, l'illustre et courageux père Hyacinthe, disait tout récemment qu'une des plaies qui rongeait les entrailles de notre peuple, c'était le célibat prolongé des soldats. Cet éminent chrétien a raison. Ce célibat prolongé des soldats tient précisément à notre ancienne loi militaire, qui retient plusieurs années de suite sous les drapaux cette jeunesse française, qui passe le plus beau temps de sa vie dans les casernes, adonnée souvent à l'oisiveté et aux vices.

Je ne terminerai pas, monsieur le président, cette lettre déjà bien longue, sans émettre un vœu bien cher à nos cœurs, et à celui de tous les amis de l'humanité : je veux parler de l'abolition de la peine de mort.

La gloire de la République de 1848 a été d'abolir l'échafaud en matière politique ; que la gloire de celle-ci soit de le renverser à jamais. Il ne faut pas qu'il soit dit que l'échafaud puisse être dressé dans un pays de liberté. Il n'est pas un philosophe aujourd'hui qui ne proclame l'*inviolabilité de la vie humaine*. Oui, une vie humaine n'a pas de prix, et nul n'a le droit d'y porter atteinte.

Et d'ailleurs, pour maintenir plus longtemps cette pénalité dans la loi, il faut que le législateur soit infaillible, et que le juge qui doit l'appliquer soit infaillible aussi.

La peine de mort étant irréparable, — comme il est arrivé déjà trop souvent que d'innocentes personnes sont montées sur l'échafaud, — il est injuste, il est inhumain de la maintenir plus longtemps dans la loi.

De plus, toute peine doit avoir un but moralisateur et être proportionnée à la grandeur des crimes. Tout coupable doit expier son crime ; mais, si on le tue, où sera l'expiation ?

Il est établi aujourd'hui que beaucoup de criminels se sont amendés, ont reconnu leurs fautes, l'étendue de leurs crimes et sont devenus dans la suite d'honnêtes gens. Eh bien! pour ces hommes, l'expiation, le plus grand des châtiments ne se trouve-t-il pas dans le souvenir de leurs crimes?

Déjà beaucoup de pays, en Europe et en Amérique, nous ont devancés dans cette voie. Si nous tardons davantage, nous risquerons d'arriver les derniers. Que les assassins commencent, a dit M. A. Karr, et moi je dis que ce n'est pas à eux à nous donner l'exemple, mais à ceux qui sont les représentants de la moralité, de la justice et du droit.

Qu'on lise les statistiques des pays où l'abolition de la peine de mort a été prononcée, et on verra si le nombre des crimes n'y a pas plutôt diminué qu'augmenté.

C'est, nous dit-on, un salutaire exemple que cet échafaud dressé sur une place publique où accourrent en grand nombre et avec un empressement digne d'un plus beau spectacle, des femmes, des enfants, des hommes de toute condition, qui retournent ensuite chez eux effrayés, terrifiés à la vue d'une sanglante exécution.

Ceux qui pensent ainsi sont dans une

profonde erreur, car le sang appelle le sang : on s'habitue à tout, même à voir répandre le sang humain, et les exemples ne sont pas rares qui prouvent que, jusqu'à un certain point, l'échafaud est contagieux.

Du reste, j'ose espérer qu'il n'est pas un homme en France qui, après avoir lu les beaux travaux des Beccaria, des Mittermaier, de notre grand Victor Hugo ; les discours de MM. J. Favre et Jules Simon sur la peine de mort, ose aujourd'hui, la main sur la conscience, en présence de Dieu et des hommes, prononcer cette condamnation.

J'ai fini, monsieur le président, et je vous prie d'excuser la longue lettre où j'ai exposé mon programme politique, programme que je désirerais voir adopter par l'Assemblée qui a l'honneur et le rare privilège de vous avoir pour président.

Je sais que les idées que j'ai exposées ici sont partagées par les représentants les plus éminents de la démocratie. Je n'ignore pas qu'il y a déjà longtemps que les Jules Simon, les Carnot, les Jules Favre, les Eugène Pelletan, les Edgard Quinet, les E. Laboulaye et les E. de Pressensé, et

tant d'autres qu'il serait trop long d'énumérer ici, se sont consacrés, corps et âme,
à cette œuvre immense et tout à la fois
grande et sainte de la régénération de leur
pays par l'éducation, par la science, et
ont appelé de tous leurs vœux le jour où
la liberté serait le patrimoine du peuple qui
saurait la garder, coûte que coûte, comme
son bien le plus précieux. Ils y ont longtemps travaillé par la plume, par la parole,
par l'enseignement public et privé. Le
champ qu'ils ont ensemencé a été arrosé
de bien des sueurs, de bien des larmes.

En effet, quelle n'était pas l'immensité
de leur douleur, lorsque, malgré leurs
efforts incessants, ils voyaient la liberté
éclipsée; mais aussi quelle n'a pas été leur
joie lorsque, dans ces derniers temps,
ils ont vu les nuages qui la dérobaient disparaître, et se lever à l'horizon l'aurore de
ce beau soleil qui, nous l'espérons, ne sera
plus obscurci.

Cette lettre, monsieur le président, ne
vous apprendra rien que vous ne sachiez
déjà beaucoup mieux que moi; mais, en
vous l'adressant, je ne puis la placer sous un
plus haut patronnage. Et d'ailleurs, n'eût-

elle pour résultat que de jeter quelques traits de lumière sur ces grandes questions, en y appelant tout particulièrement l'attention de mes concitoyens, que je m'estimerais encore assez heureux de n'être pas resté silencieux.

J'ai cru, c'est pourquoi j'ai parlé.

Oui, je vous le confesse, monsieur le président, je n'ambitionne d'autre récompense que celle d'apporter, moi aussi, ma faible pierre à la construction de cet édifice qui a nom *démocratie*, et de hâter, ne fût-ce que d'un jour, ne fût-ce que d'une heure, la solution de tous ces grands problèmes, l'avènement de toutes ces réformes qui sont l'apanage des nations libres.

Veuillez agréer, etc.

LÉONIDE GUICHARD

Docteur en médecine, ex-chirurgien-major de la 1re légion des gardes nationaux mobilisés de la Charente, chirurgien-major de la garde nationale (19e légion).

Aux Abels de Lignières, le 1er août 1871.

AVIS

La **Bibliothèque de propagande républicaine** a surtout pour but de faire connaître à ses lecteurs les principales questions qui intéressent les républicains ; à ce titre nous faisons appel au concours dévoué de tous les amis du progrès.

Pour en faciliter l'acquisition aux propaga_teurs, les prix en sont fixés comme suit :

Par **100** volumes à 20 c. pris ensemble **15** fr.
Par **500** — — — 60
Par **1000** — — — 100

Ont paru :

Catéchisme du bon républicain, par E. Boursin.
Lettre à mon député. —
Un gouvernement républicain, S. V. P ? —
Les d'Orléans, par Sempronius.
Les Scandales du Bonapartisme, par Sempronius.
Cahier d'un paysan. — Etude sur la constitution politique de la France, par E. Desmazures.
La France et ses médecins, pamphlet, par Jean-Jacques Dauphin.

Cognac. - Imp G. BÉRAULD.